skola - şcoală	2
ceļojums - călătorie	5
transports - transport	8
pilsēta - oraş	10
ainava - peisaj	14
restorāns - restaurant	17
lielveikals - supermarket	20
dzērieni - băuturi	22
ēdiens - mâncare	23
zemnieku saimniecība - gospodărie ţărănească	27
māja - casă	31
viesistaba - cameră de zi	33
virtuve - bucătărie	35
vannas istaba - baie	38
bērnu istaba - camera copiilor	42
apģērbs - îmbrăcăminte	44
birojs - birou	49
ekonomika - economie	51
profesijas - ocupaţii	53
instrumenti - instrumente	56
mūzikas instrumenti - instrumente muzicale	57
zooloģiskais dārzs - grădină zoologică	59
sports - sport	62
darbības - activităţi	63
ģimene - familie	67
ķermenis - corp	68
slimnīca - spital	72
ārkārtas gadījums - urgenţă	76
zeme - pământ	77
pulkstenis - ceas	79
nedēļa - săptămână	80
gads - an	81
formas - forme	83
krāsas - culori	84
pretstati - antonime	85
skaitļi - cifre	88
Valodas - limbi	90
kas / ko / kā - cine/ce/cum	91
kur - unde	92

Impressum
Verlag: BABADADA GmbH, Nedderfeld 112 , 22529 Hamburg
Geschäftsführer / Verlagsleitung: Harald Hof
Druck: Books on Demand GmbH, In de Tarpen 42, 22848 Norderstedt

Imprint
Publisher: BABADADA GmbH, Nedderfeld 112 , 22529 Hamburg, Germany
Managing Director / Publishing direction: Harald Hof
Print: Books on Demand GmbH, In de Tarpen 42, 22848 Norderstedt, Germany

skola

școală

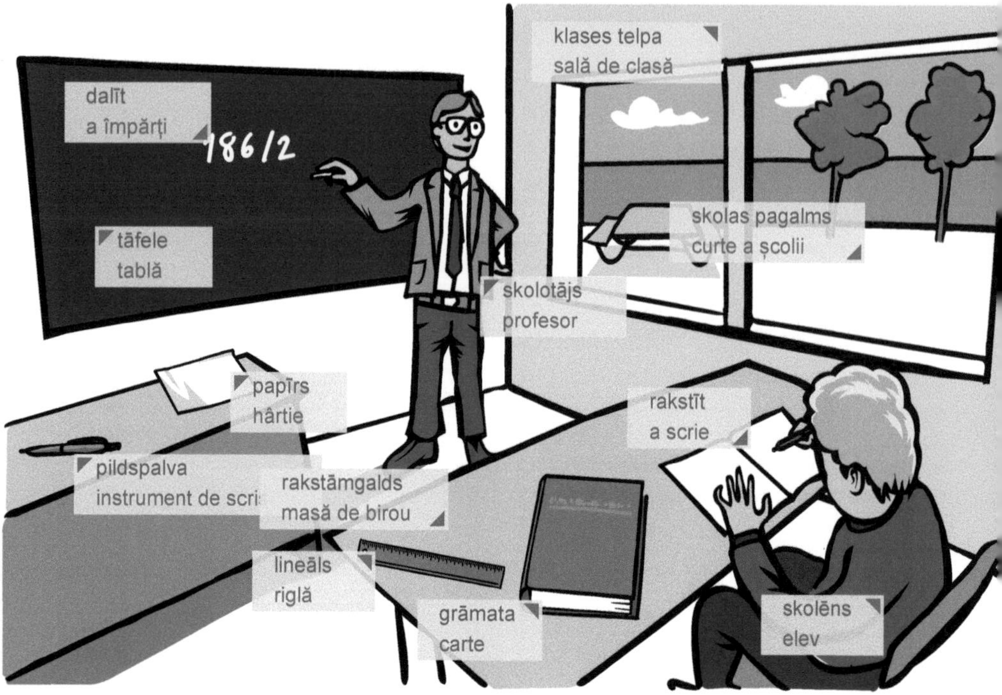
klases telpa
sală de clasă
dalīt
a împărți
186/2
tāfele
tablă
skolas pagalms
curte a școlii
skolotājs
profesor
papīrs
hârtie
rakstīt
a scrie
pildspalva
instrument de scri
rakstāmgalds
masă de birou
lineāls
riglă
grāmata
carte
skolēns
elev

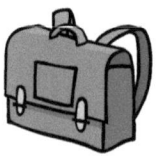

skolas soma
....
ghiozdan

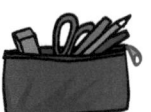

penālis
....
penar

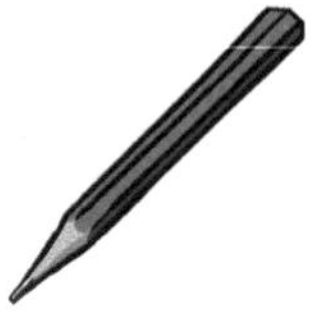

zīmulis
....
creion

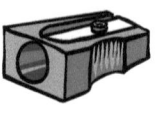

zīmuļu asināmais
....
ascuțitoare

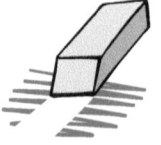

dzēšgumija
....
radieră

zīmēšanas bloks
....
bloc de desen

zīmējums
desen

ota
pensulă

krāsas
cutie de acuarele

šķēres
foarfece

līme
lipici

darba burtnīca
caiet de exerciții

mājas darbs
temă

12

skaitlis
număr

2+2

saskaitīt
a aduna

5-2

atņemt
a scădea

2×2

reizināt
a multiplica

rēķināt
a calcula

A

burts
literă

ABCDEFG
HIJKLMN
OPQRSTU
VWXYZ

alfabēts
alfabet

vārds
cuvânt

teksts

text

lasīt

a citi

krīts

cretă

mācību stunda

oră

žurnāls

catalog

liecība

certificat

skolas forma

uniformă școlară

izglītība

educație

eksāmens

examen

enciklopēdija

enciclopedie

universitāte

universitate

mikroskops

microscop

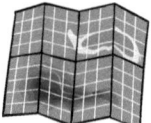

karte

hartă

papīrgrozs

coș de gunoi

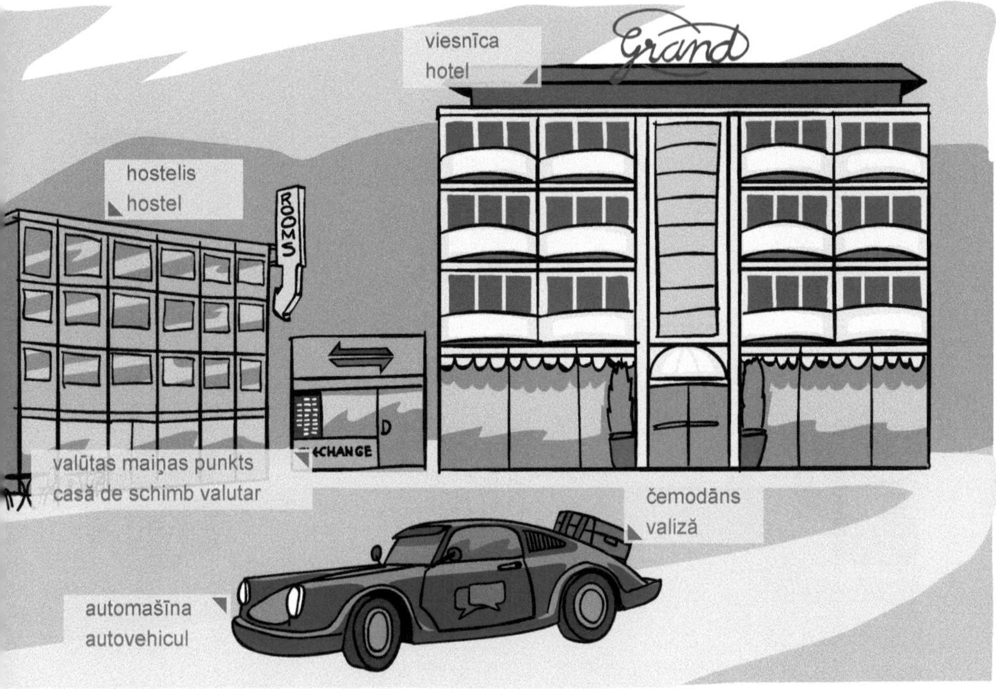
viesnīca
hotel
Grand
hostelis
hostel
ROOMS
EXCHANGE
valūtas maiņas punkts
casă de schimb valutar
čemodāns
valiză
automašīna
autovehicul

Valoda
limbă

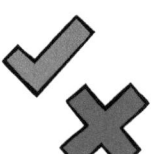

jā / nē
da/nu

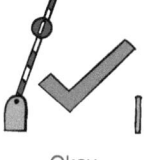

Okay
okay

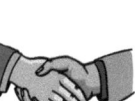

Sveiki!
Bună!

tulks
interpret

paldies
mulțumesc

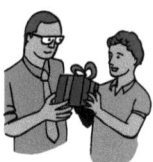

Cik maksā...?

Cât costă...?

Es nesaprotu

Nu înțeleg

problēma

problemă

Labvakar!

Bună seara!

Labrīt!

Bună dimineața!

Ar labu nakti!

Noapte bună!

Uz redzēšanos

la revedere

virziens

direcție

bagāža

bagaj

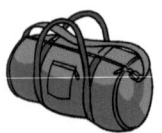

soma

geantă

mugursoma

rucsac

viesis

oaspete

istaba

cameră

guļammaiss

sac de dormit

telts

cort

tūrisma informācija

nct de informare turistică

pludmale

plajă

kredītkarte

carte de credit

brokastis

mic dejun

pusdienas

masa de prânz

vakariņas

cină

biļete

bilet de călătorie

lifts

lift

pastmarka

timbru poștal

robeža

graniță

muita

vamă

vēstniecība

ambasadă

vīza

viză

pase

pașaport

transports
transport

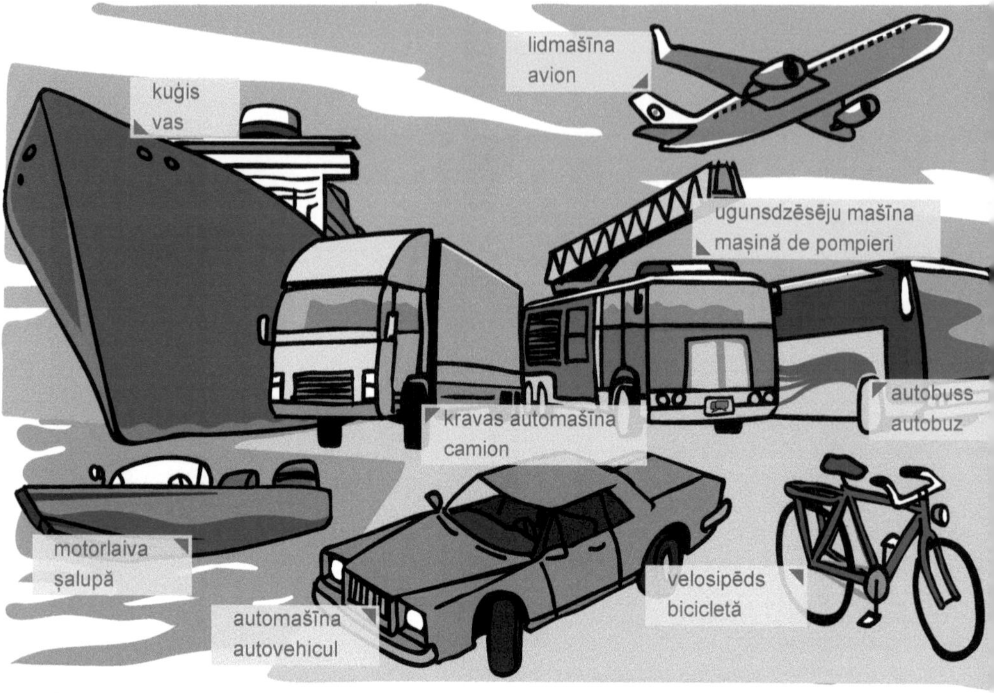
lidmašīna
avion
kuģis
vas
ugunsdzēsēju mašīna
mașină de pompieri
autobuss
autobuz
kravas automašīna
camion
motorlaiva
șalupă
velosipēds
bicicletă
automašīna
autovehicul

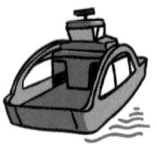

prāmis

feribot

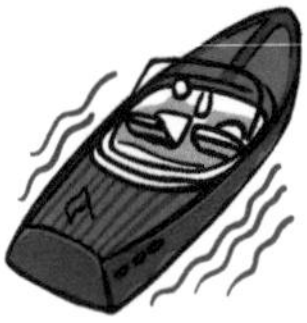

laiva

barcă

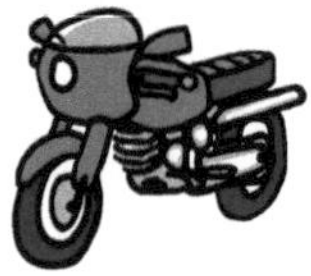

motocikls

motocicletă

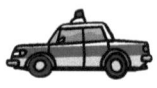

policijas automašīna

mașină de poliție

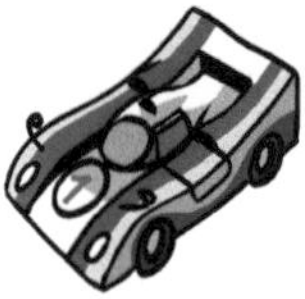

sacīkšu automobilis

mașină de curse

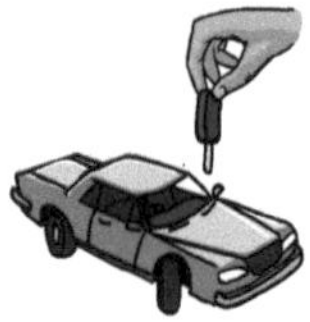

nomas auto

mașină închiriată

auto koplietošana

car sharing

evakuators

mașină de tractat

atkritumu mašīna

mașină de gunoi

dzinējs

motor

benzīns

combustibil

degvielas uzpildes stacija

benzinărie

ceļa zīme

semn de circulație

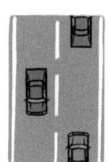

satiksme

trafic

sastrēgums

ambuteiaj

stāvvieta

parcare

dzelzceļa stacija

garā

sliedes

șine

vilciens

tren

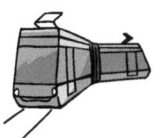

tramvajs

tramvai

vagons

vagon

helikopters

elicopter

lidosta

aeroport

tornis

turn

pasažieris

pasager

konteiners

container

kaste

carton

ratiņi

căruţă

grozs

coş

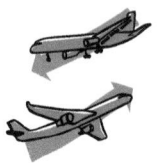

pacelties / nosēsties

a decola/a ateriza

pilsēta

oraș

ciems

sat

pilsētas centrs

centru

māja

casă

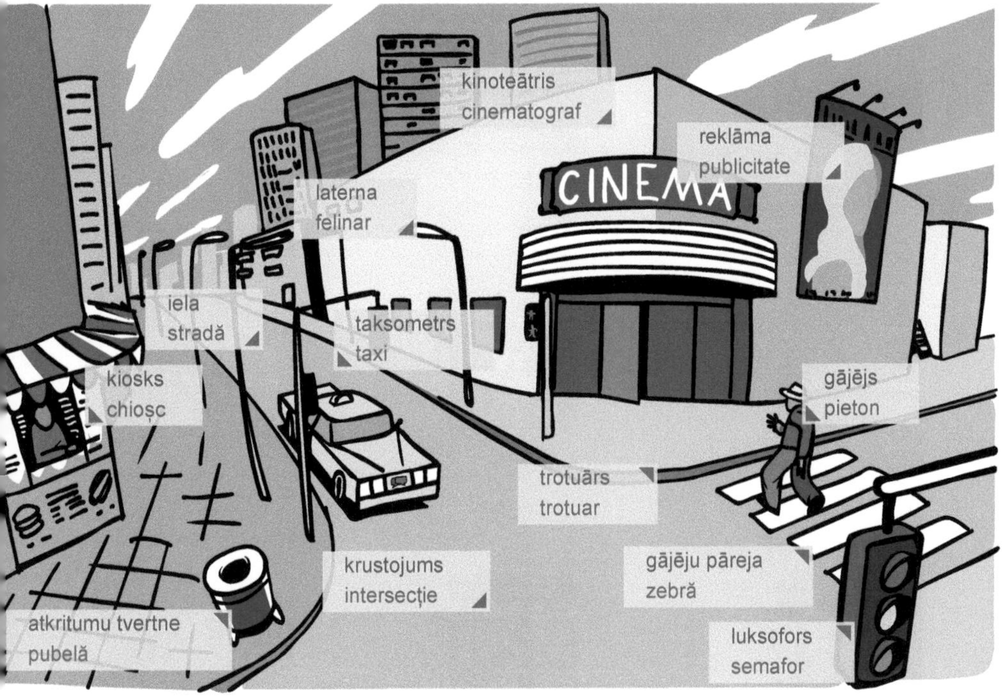

kinoteātris
cinematograf

reklāma
publicitate

laterna
felinar

CINEMA

iela
stradă

taksometrs
taxi

kiosks
chioșc

gājējs
pieton

trotuārs
trotuar

krustojums
intersecție

gājēju pāreja
zebră

atkritumu tvertne
pubelă

luksofors
semafor

būda
cabană

dzīvoklis
apartament

dzelzceļa stacija
gară

rātsnams
primărie

muzejs
muzeu

skola
școală

universitāte

universitate

banka

bancă

slimnīca

spital

viesnīca

hotel

aptieka

farmacie

birojs

birou

grāmatnīca

librărie

veikals

magazin

ziedu veikals

florărie

lielveikals

supermarket

tirgus

piață

tirdzniecības centrs

magazin universal

zivju tirgotājs

comerciant de pește

tirdzniecības centrs

centru comercial

osta

port

parks
parc

sols
bancă

tilts
pod

kāpnes
trepte

metro
metrou

tunelis
tunel

autobusa pieturvieta
stație de autobuz

bārs
bar

restorāns
restaurant

pastkastīte
cutie poștală

ielas nosaukuma plāksne
tăbliță indicatoare cu
numele străzii

stāvlaika skaitītājs
parcometru

zooloģiskais dārzs
grădină zoologică

peldbaseins
piscină

mošeja
moschee

zemnieku saimniecība

....

gospodărie țărănească

vides piesārņojums

....

poluare

kapsēta

....

cimitir

baznīca

....

biserică

spēļu laukums

....

loc de joacă

templis

....

templu

ainava

peisaj

lapa
frunză

ceļrādis
indicator

ceļš
drum

pļava
pajiște

akmens
piatră

koks
copac

ceļotājs
drumeț

upe
râu

zāle
iarbă

puķe
floare

ieleja
vale

kalns
deal

ezers
lac

mežs
pădure

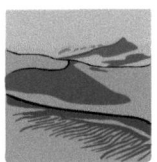

tuksnesis
deşert

vulkāns
vulcan

pils
castel

varavīksne
curcubeu

sēne
ciupercă

palma
palmier

moskīts
ţânţar

muša
muscă

skudra
furnică

bite
albină

zirneklis
păianjen

vabole

gândac

varde

broască

vāvere

veveriță

ezis

arici

zaķis

iepure

pūce

bufniță

putns

pasăre

gulbis

lebădă

meža cūka

porc mistreț

briedis

cerb

alnis

elan

aizsprosts

dig

vēja ģenerators

turbină eoliană

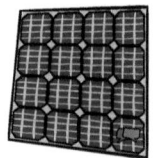

saules baterija

panou solar

klimats

climă

restorāns
restaurant

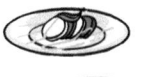

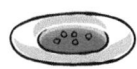

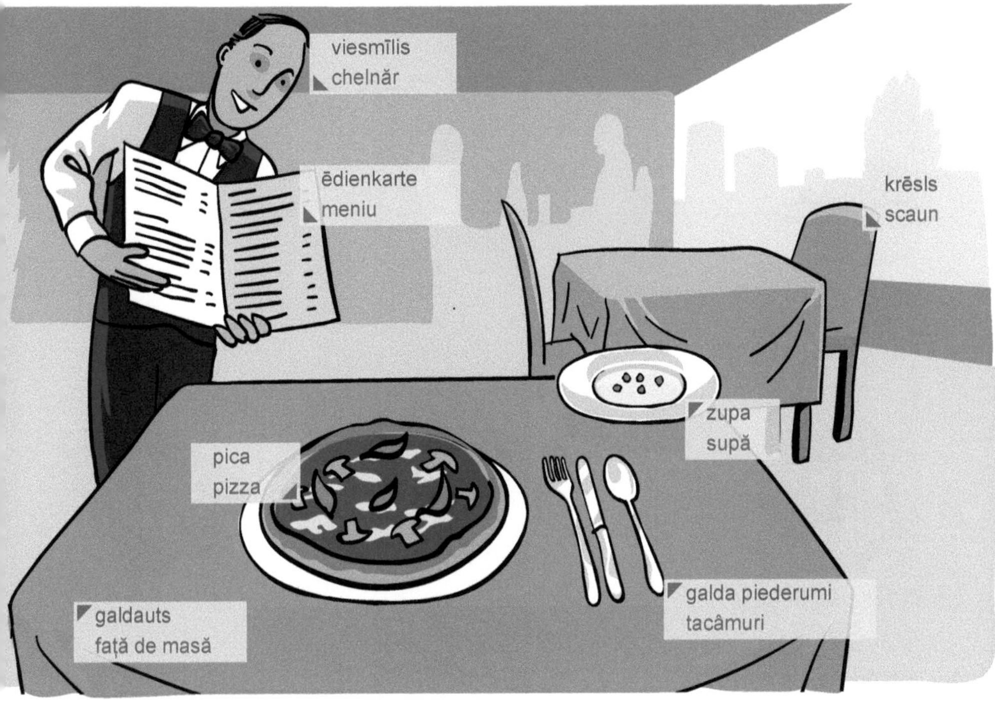
viesmīlis
chelnăr
ēdienkarte
meniu
krēsls
scaun
zupa
supă
pica
pizza
galda piederumi
tacâmuri
galdauts
faţă de masă

uzkoda
antreu

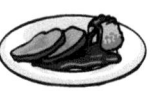

pamatēdiens
fel principal

deserts
desert

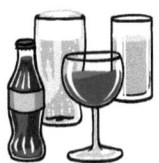

dzērieni
băuturi

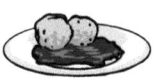

ēdiens
mâncare

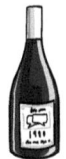

pudele
sticlă

ātrās uzkodas

fastfood

ielu uzkodas

streetfood

tējkanna

ceainic

cukurtrauks

zaharniță

porcija

porţie

espresso kafijas automāts

espressor

bāra krēsls

scaun înalt (pentru copii)

rēķins

factură

paplāte

tavă

nazis

cuţit

dakša

furculiță

karote

lingură

tējkarote

linguriță

salvete

şerveţel

glāze

pahar

šķīvis

farfurie

zupas šķīvis

farfurie de supă

apakštase

farfurie

mērce

sos

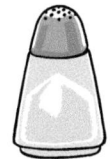

sāls trauciņš

solniță

piparu dzirnaviņas

râşniță de piper

etiķis

oțet

eļļa

ulei

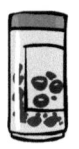

garšvielas

condimente

kečups

ketchup

sinepes

muștar

majonēze

maioneză

lielveikals

supermarket

piedāvājums
ofertă
FOR
klients
client
piena produkti
produse lactate
augļi
fructe
iepirkumu ratiņi
cărucior de cumpărături

BUTCHERS

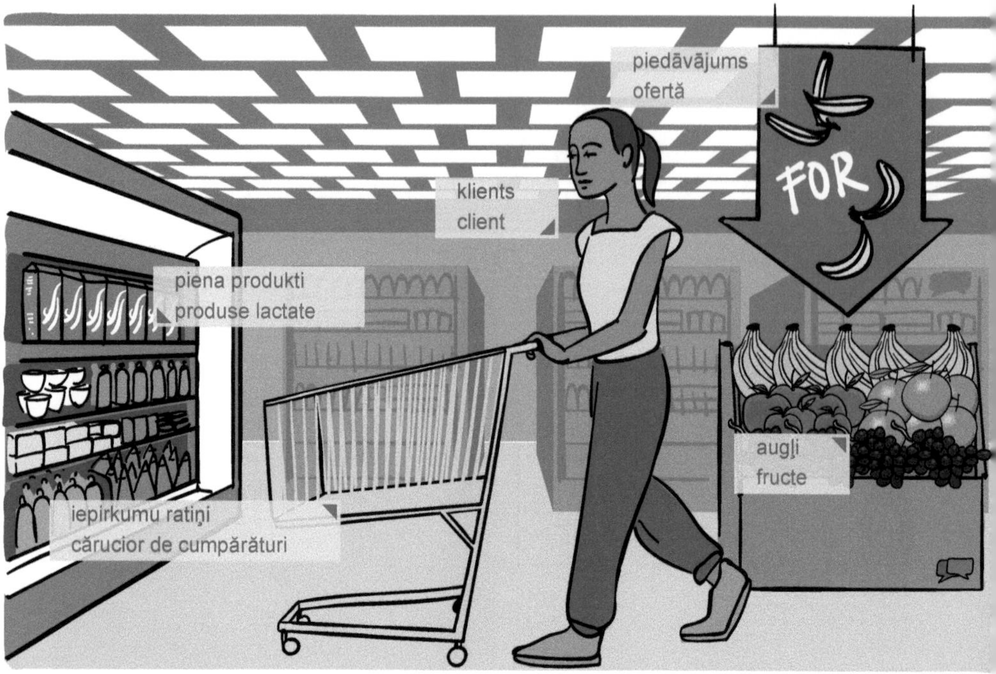

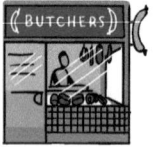

kautuve

măcelărie

BAKERY

maizes veikals

brutărie

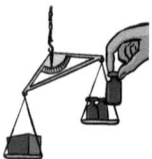

svērt

a cântări

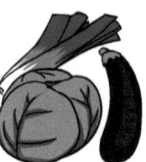

dārzeņi

legume

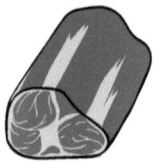

gaļa

carne

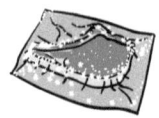

saldēti produkti

alimente refrigerate

aukstās gaļas uzkodas
zeluri și brânzeturi feliate

konservi
conserve

pulveris
detergent

saldumi
dulciuri

mājsaimniecības preces
articole de menaj

tīrīšanas līdzeklis
produse de curățenie

pārdevēja
vânzătoare

kase
casă

kasieris
casier

iepirkumu saraksts
listă de cumpărături

darba laiks
orar

maks
portmoneu

kredītkarte
carte de credit

soma
geantă

maisiņš
pungă de plastic

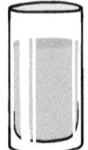

ūdens

apă

sula

suc

piens

lapte

kola

cola

vīns

vin

alus

bere

alkohols

alcool

kakao

cacao

tēja

ceai

kafija

cafea

espresso

espresso

kapučīno

cappucino

banāns
....
banane

ābols
....
măr

apelsīns
....
portocală

melone
....
pepene

citrons
....
lămâie

burkāns
....
morcov

ķiploks
....
usturoi

bambuss
....
bambus

sīpols
....
ceapă

sēne
....
ciupercă

rieksti
....
nuci

makaroni
....
paste făinoase

spageti
....
spagheti

rīsi
....
orez

salāti
....
salată

frī kartupeļi
....
cartofi prăjiți

cepti kartupeļi
....
cartofi țărănești

pica
....
pizza

hamburgers
....
hamburger

sviestmaize
....
sandwich

šnicele
....
șnițel

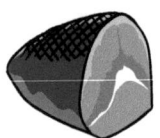

šķiņķis
....
șuncă

salami
....
salam

desa
....
cârnați

vista
....
pui

cepetis
....
friptură

zivs
....
pește

auzu pārslas

fulgi de ovăz

muslis

musli

brokastu pārslas

cereale

milti

făină

radziņš

corn

brokastu maizītes

chifle

maize

pâine

tostermaize

pâine prăjită

cepumi

biscuiţi

sviests

unt

biezpiens

brânză de vaci

kūka

prăjitură

ola

ou

cepta ola

ouă ochiuri

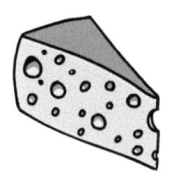

siers

brânză

saldējums
....
îngheţată

cukurs
....
zahăr

medus
....
miere

marmelāde
....
marmeladă

riekstu krēms
....
cremă nuga

karijs
....
curry

zemnieku saimniecība
gospodărie țărănească

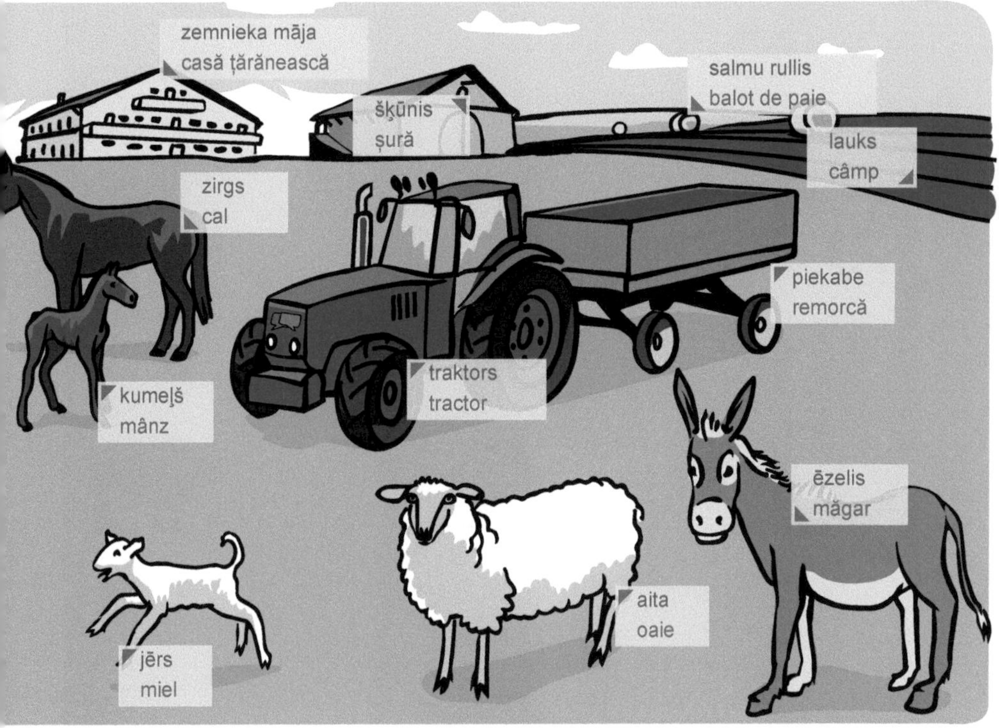
zemnieka māja
casă țărănească
šķūnis
șură
salmu rullis
balot de paie
lauks
câmp
zirgs
cal
piekabe
remorcă
kumeļš
mânz
traktors
tractor
ēzelis
măgar
aita
oaie
jērs
miel

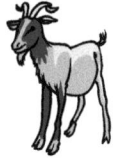

kaza

capră

govs

vacă

teļš

vițel

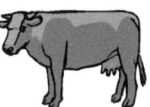

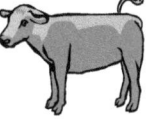

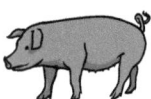

cūka

porc

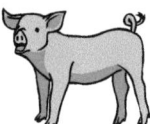

sivēns

purcel

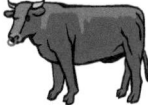

bullis

taur

zoss

găină

pīle

rață

cālis

pui

vista

găină

gailis

cocoș

žurka

șobolan

kaķis

pisică

pele

șoarece

vērsis

bou

suns

câine

suņa būda

cușcă

dārza šļūtene

furtun de grădină

lejkanna

stropitoare

izkapts

coasă

arkls

plug

sirpis

secerǎ

kaplis

sapǎ

mēslu dakša

furcǎ

cirvis

secure

ķerra

roabǎ

sile

troacǎ

piena kanna

canǎ pentru lapte

maiss

sac

žogs

gard

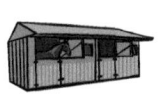

kūts

grajd

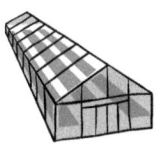

siltumnīca

serǎ

augsne

sol

sēklas

sǎmânţǎ

mēslojums

fertilizator

kombains

combinǎ de treierat

novākt ražu

a culege

raža

recoltă

jamss

cartof yam

kvieši

grâu

soja

soia

kartupelis

cartof

kukurūza

porumb

rapsis

rapiță

augļu koks

pom fructifer

manioka

manioc

labība

cereale

māja

casă

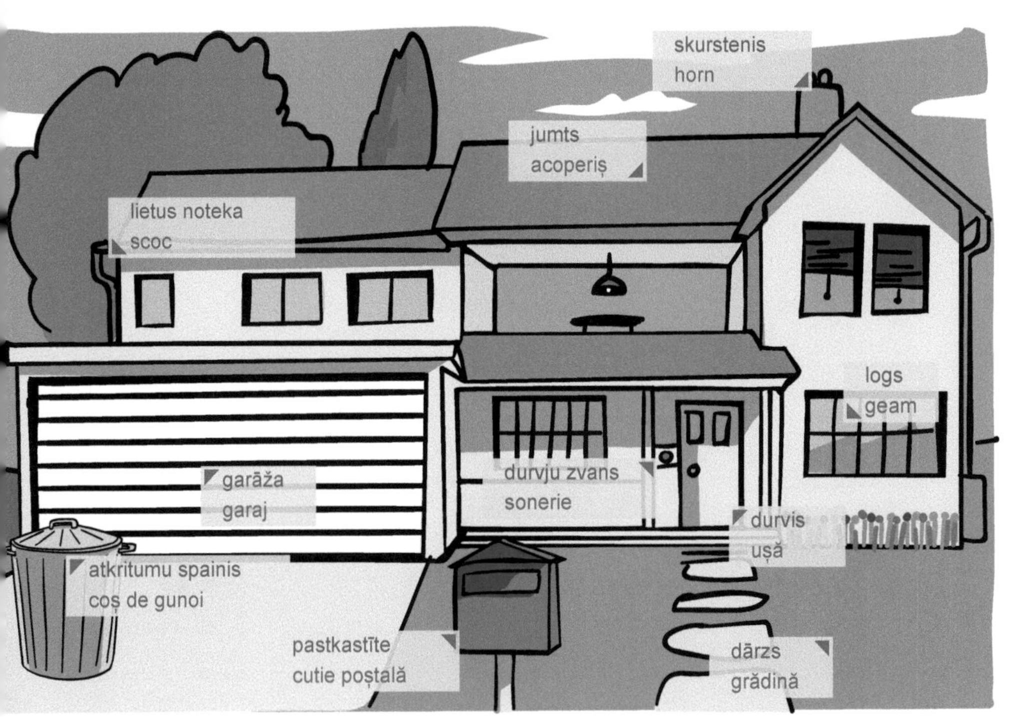
skurstenis
horn
jumts
acoperiș
lietus noteka
scoc
logs
geam
garāža
garaj
durvju zvans
sonerie
durvis
ușă
atkritumu spainis
coș de gunoi
pastkastīte
cutie poștală
dārzs
grădină

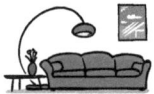

viesistaba

camerā de zi

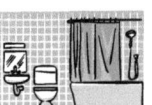

vannas istaba

baie

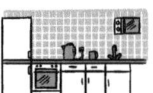

virtuve

bucătărie

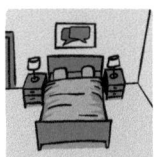

guļamistaba

dormitor

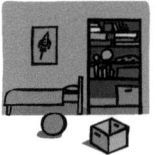

bērnu istaba

camera copiilor

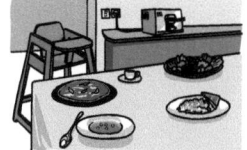

ēdamistaba

sufragerie

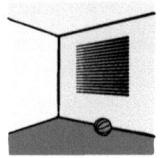

grīda
....
podea

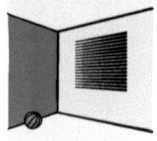

siena
....
perete

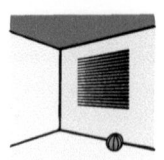

griesti
....
tavan

pagrabs
....
pivniță

sauna
....
saună

balkons
....
balcon

terase
....
terasă

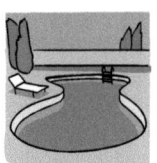

baseins
....
piscină

zāles pļāvējs
....
mașină de tuns iarba

gultas veļa
....
cearșaf

sega
....
cuvertură

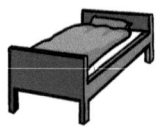

gulta
....
pat

slota
....
mătură

spainis
....
găleată

slēdzis
....
întrerupător

viesistaba
cameră de zi

tapetes
tapet
attēls
pictură
lampa
lampă
plaukts
raft
skapis
dulap
televizors
televizor
kamīns
șemineu
puķe
floare
spilvens
pernă
dīvāns
sofa
vāze
vază
tālvadības pults
telecomandă

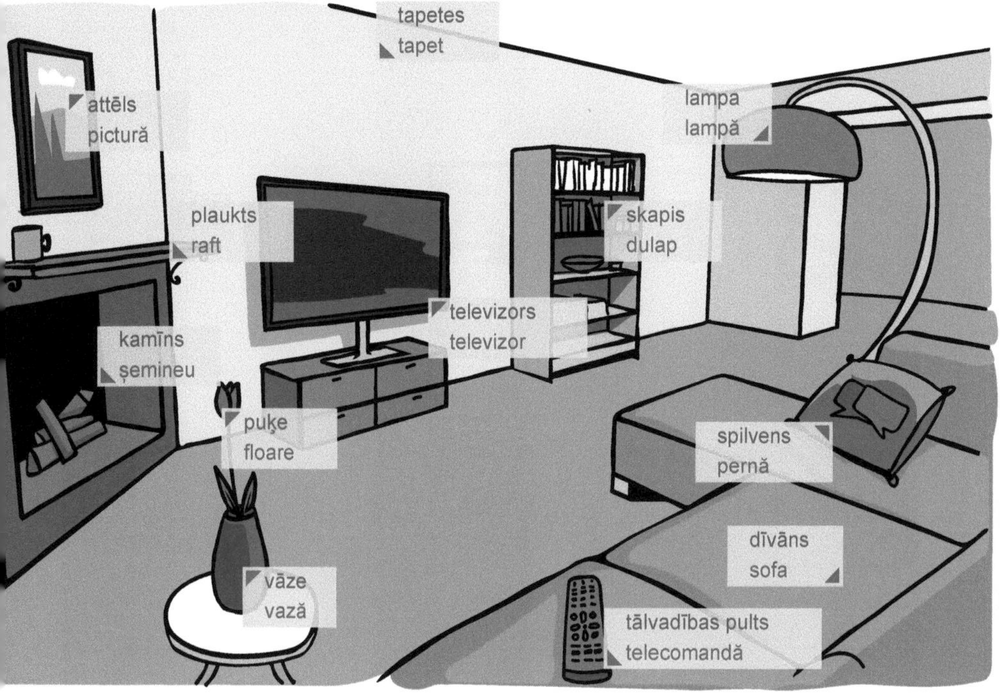

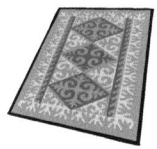

paklājs

covor

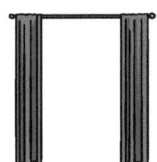

aizkars

perdea

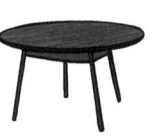

galds

masă

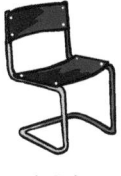

krēsls

scaun

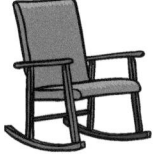

šūpuļkrēsls

balansoar

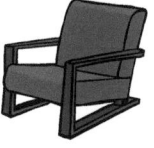

atpūtas krēsls

fotoliu

grāmata

carte

sega

pătură

dekorācija

decoraţiune

malka

lemn de foc

filma

film

mūzikas centrs

instalaţie stereo

atslēga

cheie

avīze

ziar

glezna

desen

plakāts

poster

radio

radio

pierakstu blociņš

caiet de notiţe

putekļu sūcējs

aspirator

kaktuss

cactus

svece

lumânare

virtuve
bucătărie

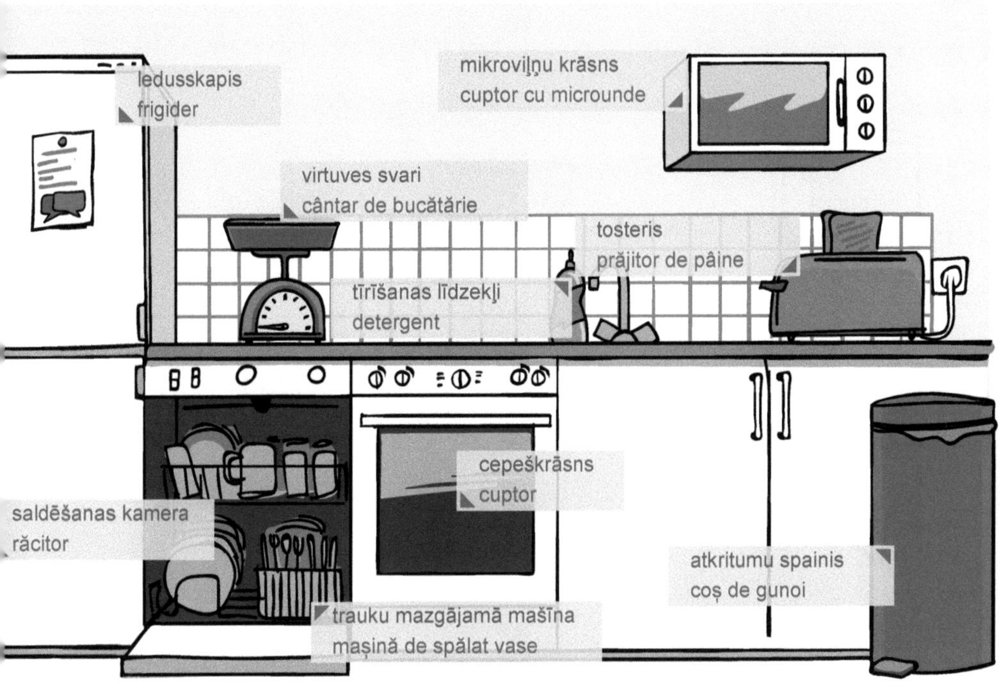
ledusskapis
frigider
mikroviļņu krāsns
cuptor cu microunde
virtuves svari
cântar de bucătărie
tosteris
prăjitor de pâine
tīrīšanas līdzekļi
detergent
cepeškrāsns
cuptor
saldēšanas kamera
răcitor
atkritumu spainis
coș de gunoi
trauku mazgājamā mašīna
mașină de spălat vase

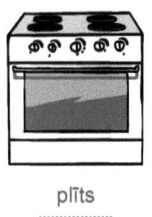

plīts
cuptor

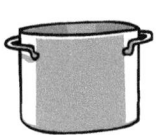

pods
oală

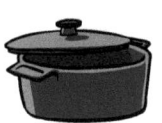

katls
oală de metal

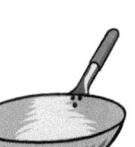

Wok panna
wok/kadai

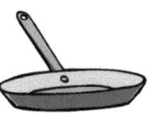

panna
tigaie

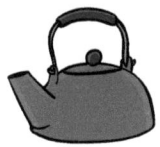

elektriskā tējkanna
ceainic

tvaika katls

oală de gătit cu aburi

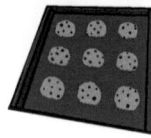

cepešpanna

tavă de copt

trauki

veselă

krūze

pahar

bļoda

bol

irbulīši

bețișoare

kauss

polonic

lāpstiņa

spatulă

putošanas slotiņa

tel

sietiņš

sită

siets

sită

rīve

răzătoare

piesta

mojar

grilēt

grătar

atklāts pavards

loc pentru grătar

dēlis

tocător

mīklas rullis

sucitor

korķu viļķis

tirbușon

bundža

conservă

konservu nazis

deschizător de conserve

virtuves cimdi

șervete termice

izlietne

chiuvetă

birste

perie

sūklis

burete

mikseris

mixer

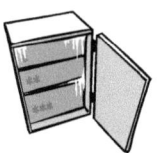

saldētava

ladă frigorifică

bērna pudelīte

biberon

ūdenskrāns

robinet

vannas istaba

baie

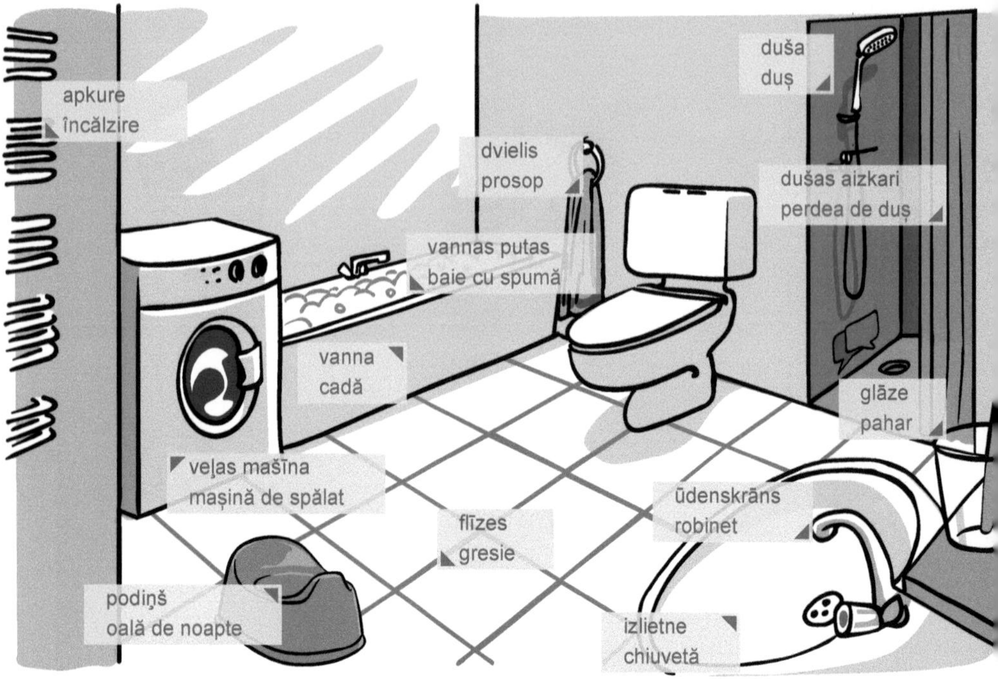

apkure
încălzire
duša
duș
dvielis
prosop
dušas aizkari
perdea de duș
vannas putas
baie cu spumă
vanna
cadă
glāze
pahar
veļas mašīna
mașină de spălat
ūdenskrāns
robinet
flīzes
gresie
podiņš
oală de noapte
izlietne
chiuvetă

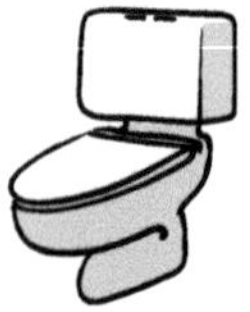

tualetes pods

toaletă

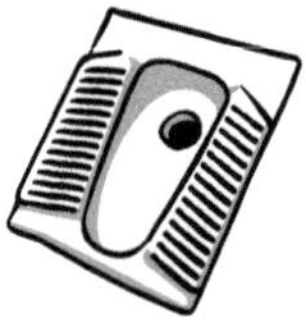

Āzijas tipa tualete

toaletă turcescă

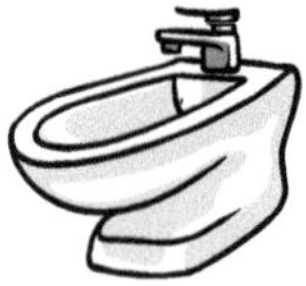

bidē

bideu

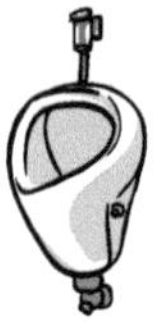

pisuārs

pisoir

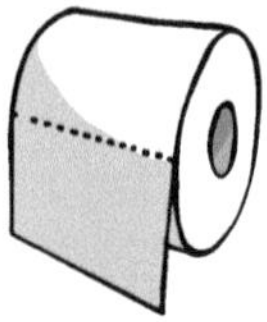

tualetes papīs

hârtie igienică

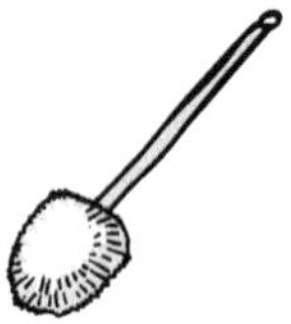

tualetes birste

perie de toaletă

zobu birste

periuță de dinți

zobu pasta

pastă de dinți

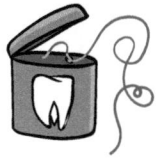

zobu diegs

ață dentară

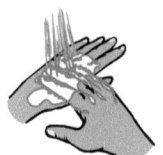

mazgāt

a spăla

rokas duša

cap de duș

duša

duș intim

bļoda

lavoar

muguras mazgāšanas birste

perie pentru spate

ziepes

săpun

dušas želeja

gel de duș

šampūns

șampon

mazgāšanas drāna

cârpă de spălat

noteka

scurgere

krēms

cremă

dezodorants

deodorant

spogulis

oglindă

spogulītis

oglindă cosmetică

skuveklis

aparat de ras

skūšanās putas

spumă de ras

losjons pēc skūšanās

aftershave

ķemme

pieptene

matu suka

perie

matu fēns

uscător de păr

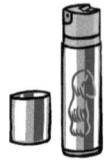

matu laka

fixator

grima komplekts

machiaj

lūpu krāsa

ruj

nagulaka

lac de unghii

vate

vată

šķērītes

foarfece de unghii

smaržas

parfum

kosmētikas maks
....
neseser

ķeblītis
....
taburet

svari
....
cântar

halāts
....
halat de baie

tīrīšanas cimdi
....
mănuşi de cauciuc

tampons
....
tampon

pakete
....
tampon

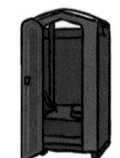

ķīmiskā tualete
....
toaletă chimică

bērnu istaba
camera copiilor

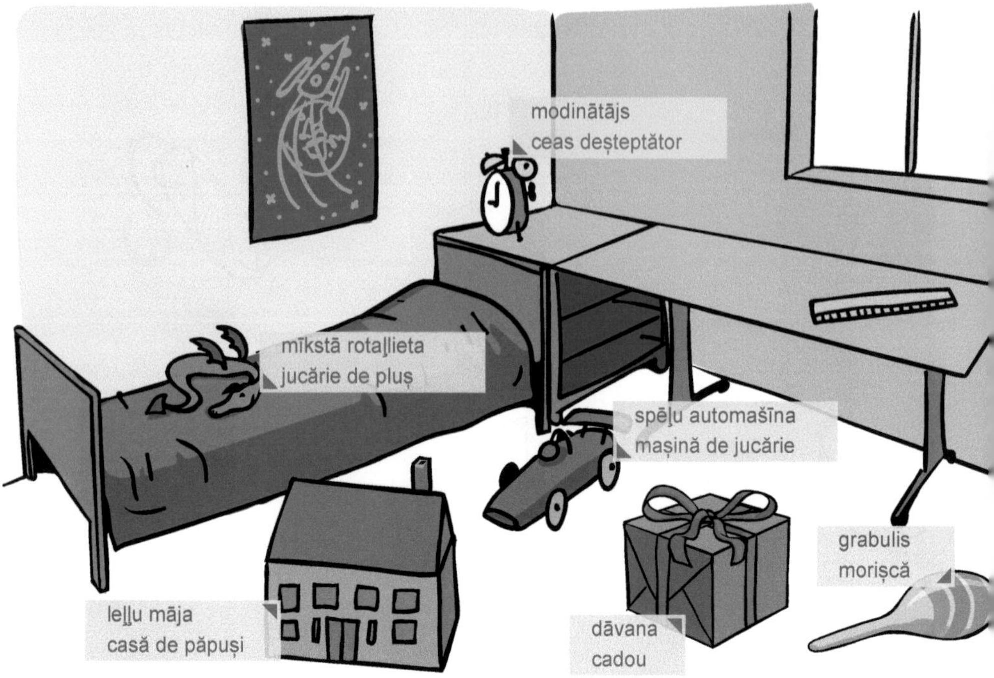
modinātājs
ceas deșteptător
mīkstā rotaļlieta
jucărie de pluș
spēļu automašīna
mașină de jucărie
grabulis
morișcă
leļļu māja
casă de păpuși
dāvana
cadou

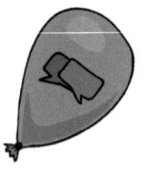

balons
balon

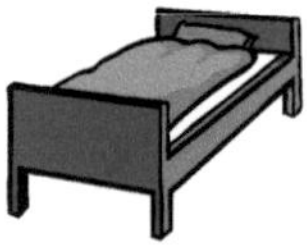

gulta
pat

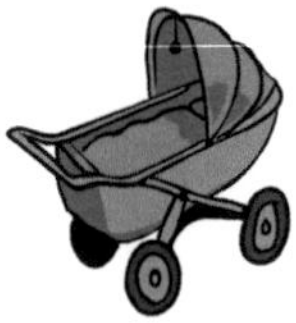

bērnu ratiņi
cărucior de copii

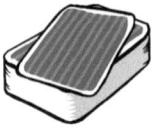

kārtis
joc de cărți

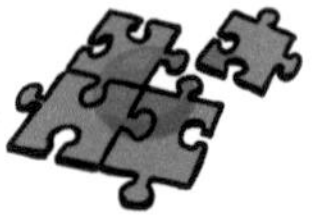

puzle
puzzle

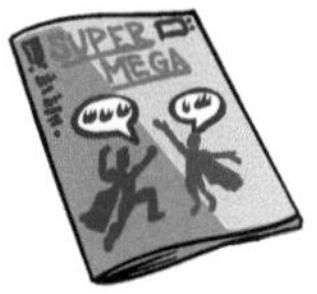
SUPER
MEGA

komikss
revistă de benzi desenate

LEGO klucīši

cuburi lego

klucīši

piese pentru construcţii

varoņu figūra

personaj din filmele de acţiune

rāpulītis

body

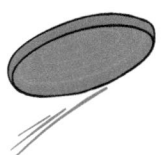

lidojošais šķīvītis

frisbee

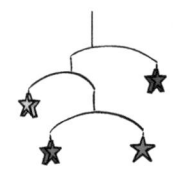

muzikālais karuselis

mobil

galda spēle

joc de societate

metamais kauliņš

zar

rotaļu dzelzceļš

set trenuleţ de jucărie

māneklis

suzetă

ballīte

petrecere

bilžu grāmata

carte cu poze

bumba

minge

lelle

păpuşă

spēlēt

a se juca

smilšu kaste

groapă de nisip

šūpoles

leagăn

rotaļlietas

jucării

spēļu konsole

consolă video

trīsritenis

tricicletă

plīša lācītis

ursuleț

drēbju skapis

dulap

apģērbs

îmbrăcăminte

īszeķes

șosete

zeķes

ciorapi

zeķbikses

dres

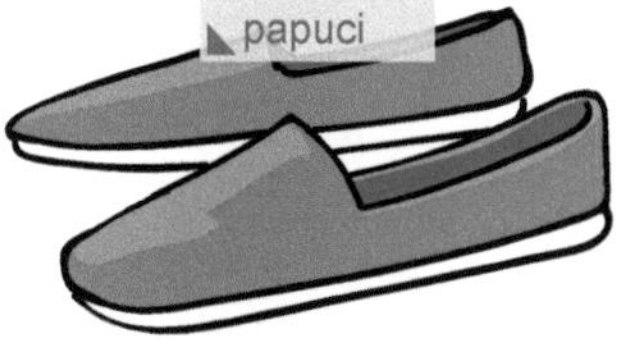

šalle
șal

lietussargs
umbrelă

siksna
curea

T-krekls
tricou

zābaks
cizme

čības
papuci

botas
pantofi sport

sandales
....
sandale

kurpes
....
încălțăminte

gumijas zābaki
....
cizme de cauciuc

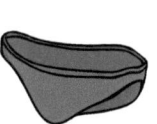

apakšbikses
....
chilot

krūšturis
....
sutien

apakškrekls
....
maiou

bodijs
body

bikses
pantaloni

džinsi
blugi

svārki
fustă

blūze
bluză

krekls
cămașă

pulovers
pulover

džemperis
jerseu

žakete
sacou

jaka
jachetă

mētelis
palton

lietus mētelis
pelerină de ploaie

kostīms
costum

kleita
rochie

kāzu kleita
rochie de mireasă

uzvalks

costum

naktskrekls

cămașă de noapte

pidžama

pijama

sari

sari

lakats

batic

turbāns

turban

burka

burka

kaftāns

caftan

abaja

abaya

peldkostīms

costum de baie

peldbikses

șort

šorti

pantaloni scurți

treniņtērps

trening

priekšauts

șorț

cimdi

mănuși

poga

nasture

brilles

ochelari

rokassprādze

brăţară

kaklarota

lanţ

gredzens

inel

auskars

cercel

cepure

căciulă

drēbju pakaramais

umeraş

platmale

pălărie

kaklasaite

cravată

rāvējslēdzējs

fermoar

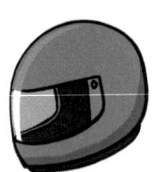

ķivere

cască

bikšturi

bretele

skolas forma

uniformă şcolară

uniforma

uniformă

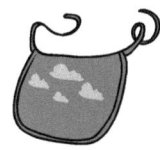

priekšautiņš

baveţică

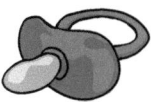

māneklis

suzetă

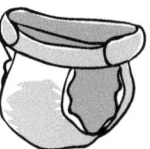

autiņbiksītes

scutec

birojs
birou

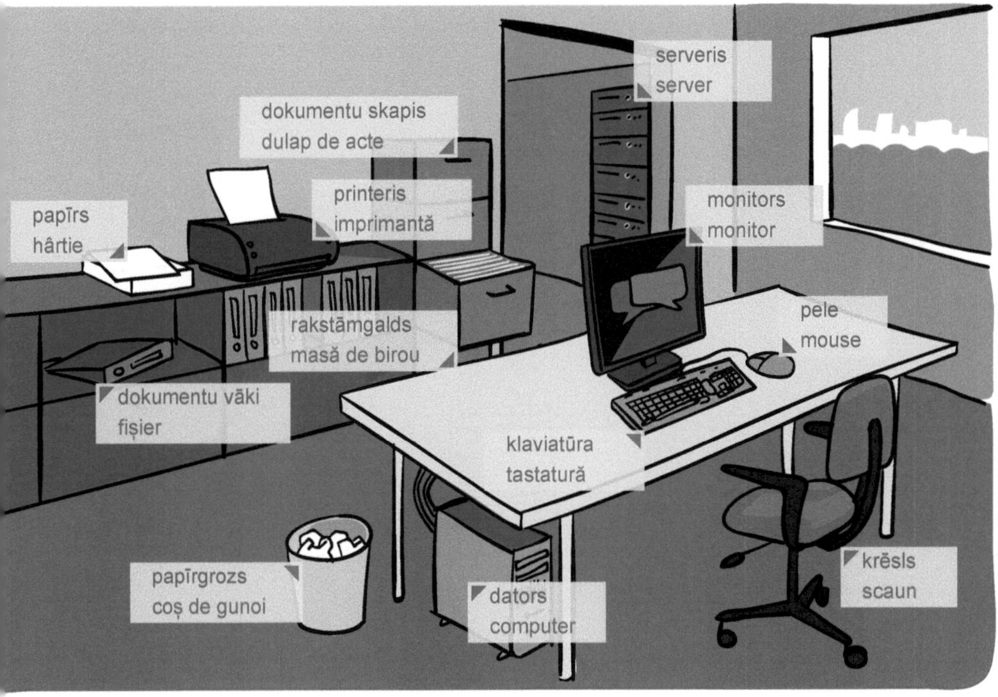
serveris
server
dokumentu skapis
dulap de acte
printeris
imprimantă
papīrs
hârtie
monitors
monitor
rakstāmgalds
masă de birou
pele
mouse
dokumentu vāki
fișier
klaviatūra
tastatură
papīrgrozs
coș de gunoi
dators
computer
krēsls
scaun

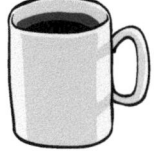

kafijas krūze

ceașcă de cafea

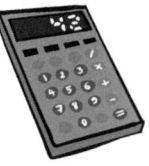

kalkulators

calculator

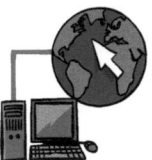

internets

internet

portatīvais dators

laptop

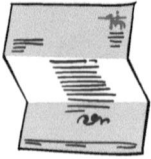

vēstule

scrisoare

ziņa

mesaj

mobilais tālrunis

telefon mobil

tīkls

reţea

kopētājs

copiator

programmatūra

software

telefons

telefon

rozete

priză

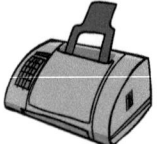

faksa aparāts

fax

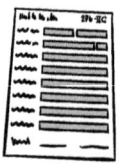

formulārs

formular

dokuments

document

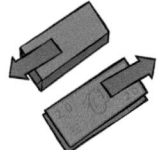

pirkt

a cumpăra

samaksāt

a plăti

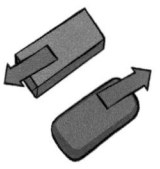

tirgot

a face comerț

nauda

bani

dolārs

Dolar

eiro

Euro

jēna

Yen

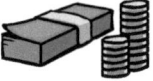

rublis

Rublă

franks

Franc Elvețian

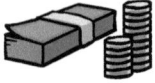

juaṇa renminbi

renminbi yuan

rūpija

Rupie

bankomāts

bancomat

valūtas maiņas punkts

casă de schimb valutar

zelts

aur

sudrabs

argint

nafta

petrol

enerģija

energie

cena

preț

līgums

contract

nodoklis

impozit

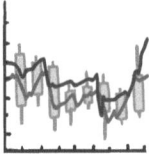

akcija

acțiune

strādāt

a munci

darbinieks

angajat

darba devējs

angajator

fabrika

fabrică

veikals

magazin

ekonomika - economie

policists
polițist

ugunsdzēsējs
pompier

pavārs
bucătar

ārsts
medic

pilots
pilot

dārznieks
grădinar

galdnieks
tâmplar

šuvēja
cusătoreasă

tiesnesis
judecător

ķīmiķis
chimist

aktieris
actor

autobusa vadītājs

șofer de autobuz

taksometra vadītājs

șofer de taxi

zvejnieks

pescar

apkopēja

femeie de serviciu

jumiķis

tinichigiu

viesmīlis

chelnăr

mednieks

vânător

gleznotājs

pictor

maiznieks

brutar

elektriķis

electrician

celtnieks

muncitor în construcții

inženieris

inginer

miesnieks

măcelar

skārdnieks

instalator

pastnieks

poștaș

karavīrs

soldat

arhitekts

arhitect

kasieris

casier

florists

florar

frizieris

frizer

konduktors

controlor

mehāniķis

mecanic

kapteinis

căpitan

zobārsts

stomatolog

zinātnieks

om de ştiinţă

rabīns

rabin

imāms

imam

mūks

călugăr

mācītājs

preot

instrumenti

instrumente

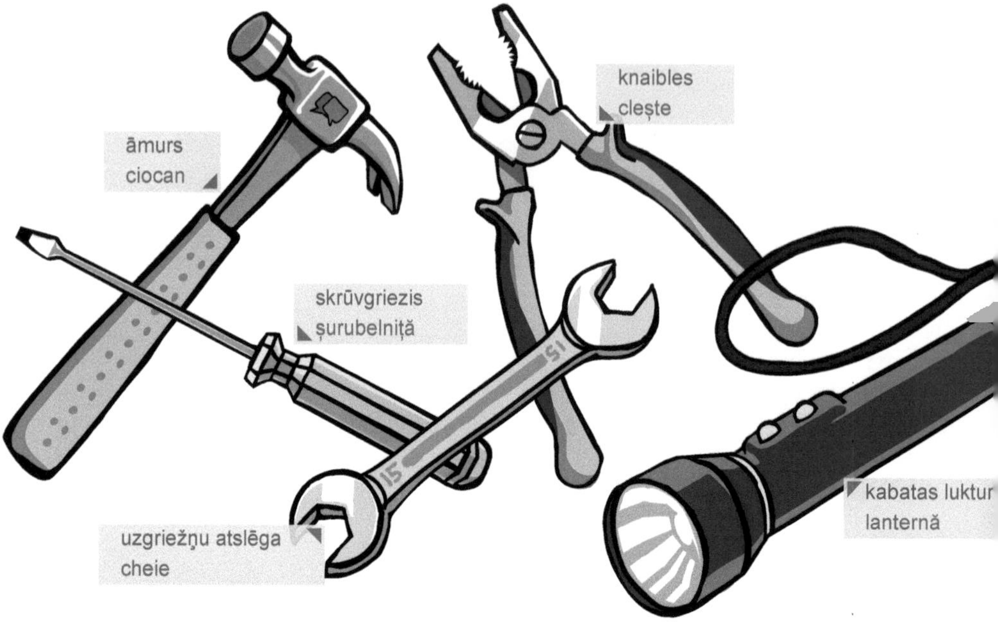

āmurs
ciocan
knaibles
clește
skrūvgriezis
șurubelniță
uzgriežņu atslēga
cheie
kabatas luktur
lanternă

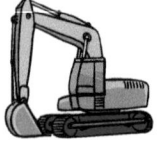

ekskavators

excavator

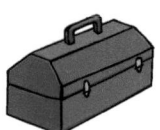

instrumentu kaste

cutie de scule

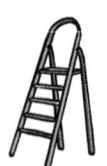

kāpnes

scară

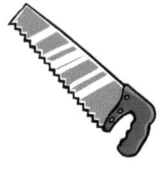

zāģis

ferăstrău

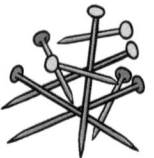

naglas

cuie

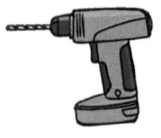

urbis

burghiu

remontēt
....
a repara

lāpsta
....
lopată

Velns!
....
La naiba!

liekšķere
....
făraş

krāsas bundža
....
vas pentru vopsea

skrūves
....
şuruburi

mūzikas instrumenti
instrumente muzicale

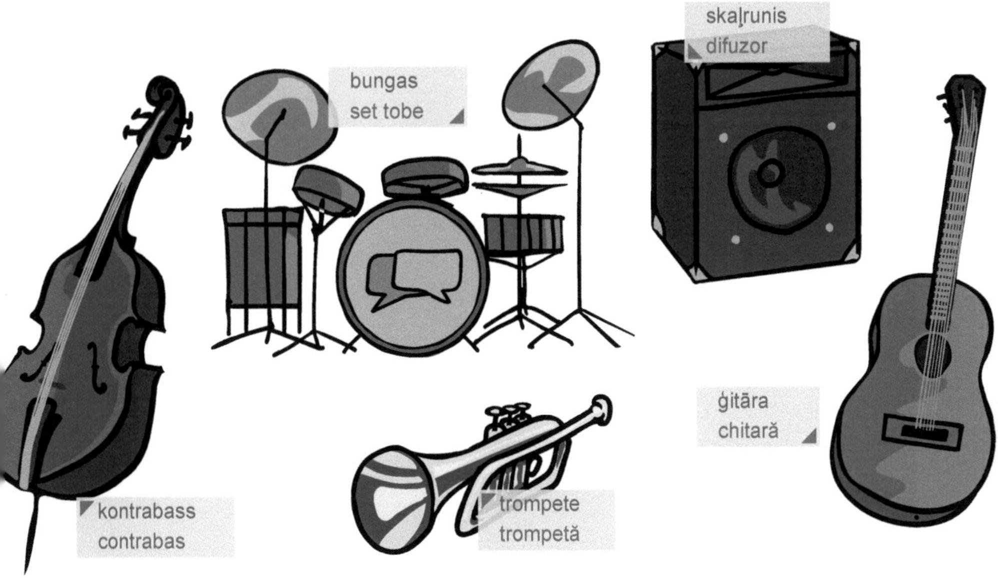

skaļrunis
difuzor

bungas
set tobe

ģitāra
chitară

kontrabass
contrabas

trompete
trompetă

klavieres
....
pian

vijole
....
vioară

bass
....
bas

timpāni
....
trombon

bungas
....
tobă

digitālās klavieres
....
keyboard

saksofons
....
saxofon

flauta
....
fluier

mikrofons
....
microfon

zoologiskais dārzs

grădină zoologică

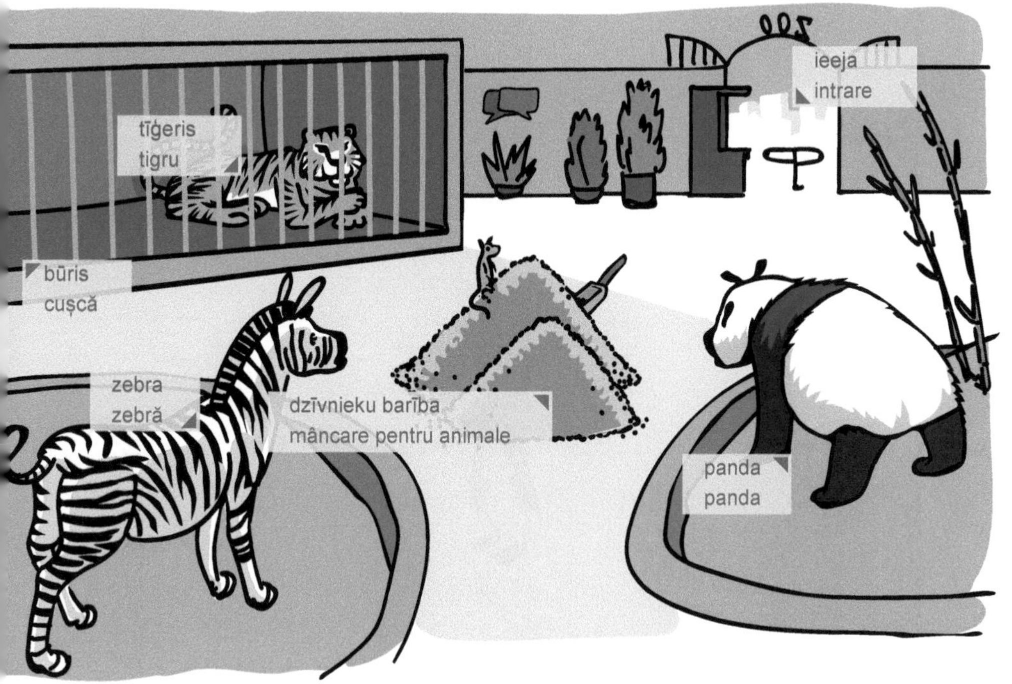

tīģeris
tigru
ieeja
intrare
būris
cușcă
zebra
zebră
dzīvnieku barība
mâncare pentru animale
panda
panda

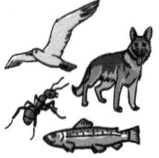

dzīvnieki
animale

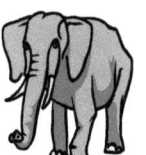

zilonis
elefant

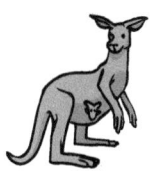

ķengurs
cangur

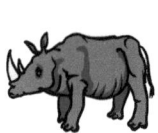

degunradzis
rinocer

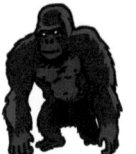

gorilla
gorilă

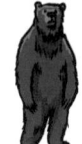

lācis
urs

kamielis

cămilă

strauss

struț

lauva

leu

pērtiķis

maimuță

flamings

flamingo

papagailis

papagal

polārlācis

urs polar

pingvīns

pinguin

haizivs

rechin

pāvs

păun

čūska

șarpe

krokodils

crocodil

zoodārza sargs

îngrijitor grădina zoologică

ronis

focă

jaguārs

jaguar

ponijs

ponei

leopards

leopard

nīlzirgs

hipopotam

žirafe

girafă

ērglis

acvilă

meža cūka

porc mistreţ

zivs

pește

bruņurupucis

broască ţestoasă

valzirgs

morsă

lapsa

vulpe

gazele

gazelă

amerikāņu futbols
fotbal american

riteņbraukšana
ciclism

teniss
tenis

basketbols
basketball

peldēšana
înot

bokss
box

hokejs
hockey pe gheață

futbols
fotbal

badmintons
badminton

vieglatlētika
atletism

rokas bumba
handbal

slēpošana
schi

polo
polo

darbības
activități

smieties
a râde
lēkt
a sări
apskaut
a îmbrățișa
iet
a merge
dziedāt
a cânta
sapņot
a visa
lūgt
a se ruga
skūpstīt
a săruta

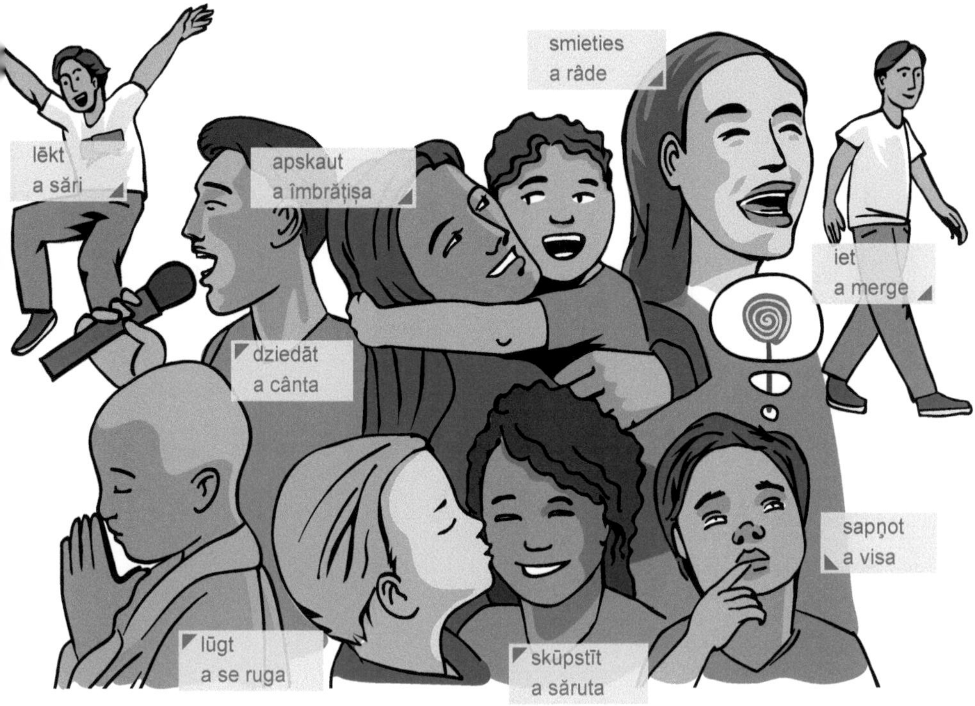

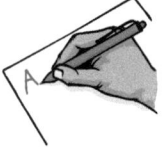

rakstīt

a scrie

zīmēt

a desena

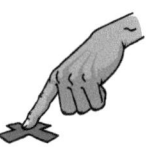

rādīt

a arăta

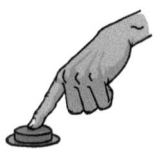

spiest

a împinge

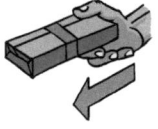

dot

a da

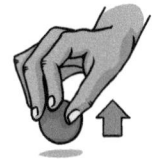

ņemt

a lua

būt

a avea

darīt

a face

būt

a fi

stāvēt

a sta în picioare

skriet

a fugi

vilkt

a trage

mest

a arunca

krist

a cădea

gulēt

a sta întins

gaidīt

a aștepta

nest

a purta

sēdēt

a ședea

uzģērbt

a se îmbrăca

gulēt

a dormi

pamosties

a se trezi

skatīties

a privi

raudāt

a plânge

glāstīt

a mângâia

ķemmēt

a se pieptăna

runāt

a vorbi

saprast

a înțelege

jautāt

a întreba

dzirdēt

a asculta

dzert

a bea

ēst

a mânca

sakārtot

a face ordine

mīlēt

a iubi

vārīt

a găti

braukt

a conduce

lidot

a zbura

burot

a naviga

rēķināt

a calcula

lasīt

a citi

mācīties

a învăţa

strādāt

a munci

precēties

a se căsători

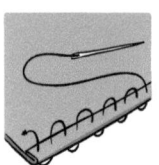

šūt

a coase

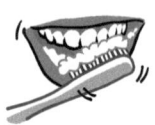

tīrīt zobus

a se spăla pe dinţi

nogalināt

a ucide

smēķēt

a fuma

sūtīt

a trimite

vecāmāte
bunică

vectēvs
bunic

tēvs
tată

māte
mamă

mazulis
bebeluş

meita
soră

dēls
fiu

viesis

oaspete

tante

mătuşă

onkulis

unchi

brālis

frate

māsa

soră

ķermenis

corp

piere
frunte
acs
ochi
plecs
umăr
pirksts
deget
seja
fată
zods
bărbie
roka
mână
kāja
picior
krūtis
piept
roka
braț

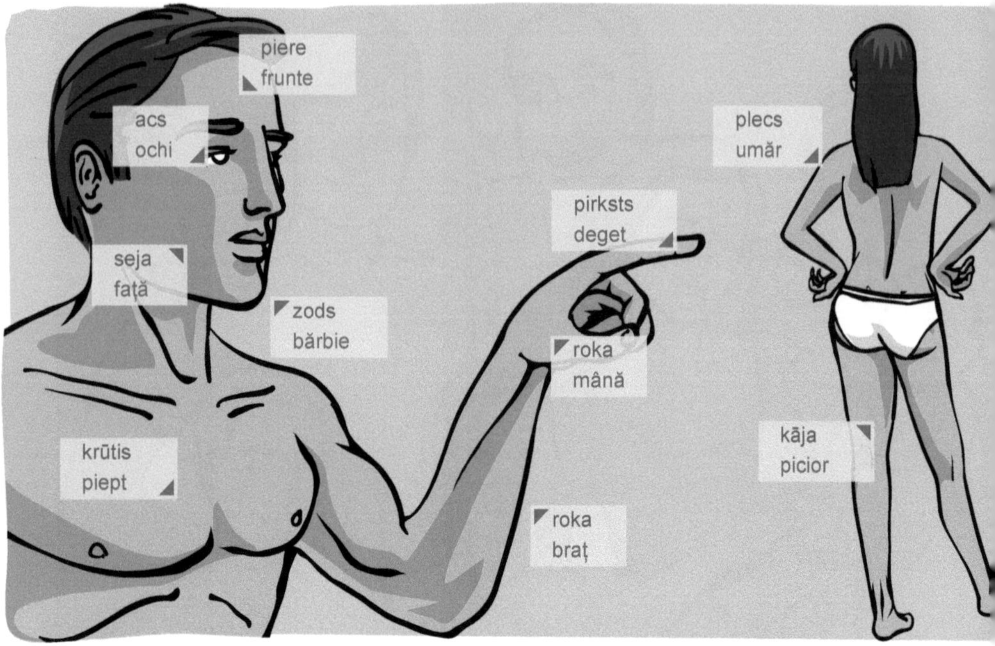

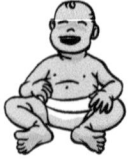

mazulis

bebeluș

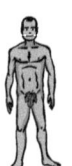

vīrietis

bărbat

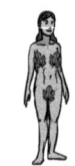

sieviete

femeie

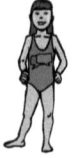

meitene

fată

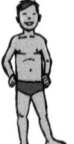

zēns

băiat

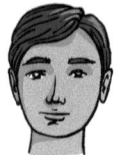

galva

cap

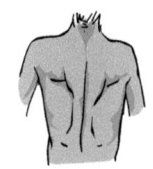

mugura
spate

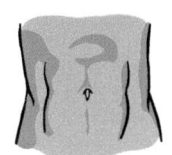

vēders
abdomen

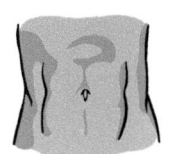

naba
ombilic

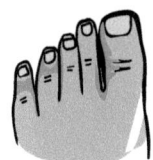

kājas pirksts
deget de la picior

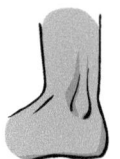

papēdis
călcâi

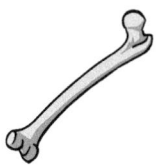

kauls
os

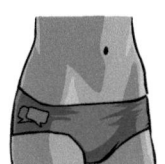

gurns
șold

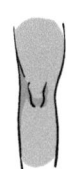

celis
genunchi

elkonis
cot

deguns
nas

dibens
fund

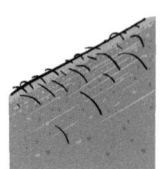

āda
piele

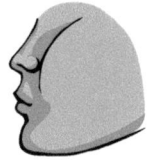

vaigs
obraz

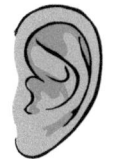

auss
ureche

lūpa
buză

mute
....
gură

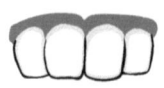

zobs
....
dinte

mēle
....
limbă

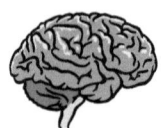

smadzenes
....
creier

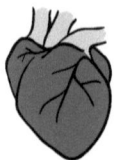

sirds
....
inimă

muskulis
....
mușchi

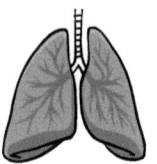

plaušas
....
plămân

aknas
....
ficat

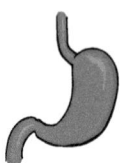

kuņģis
....
stomac

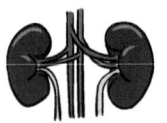

nieres
....
rinichi

dzimumakts
....
sex

kondoms
....
prezervativ

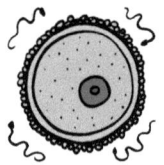

olšūna
....
ovul

sperma
....
spermă

grūtniecība
....
sarcină

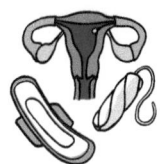

menstruācijas

menstruaţie

vagīna

vagin

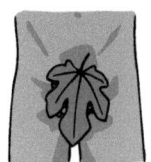

penis

penis

uzacs

sprânceană

mati

păr

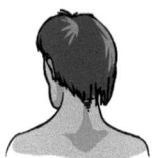

kakls

gât

ķermenis - corp

slimnīca

spital

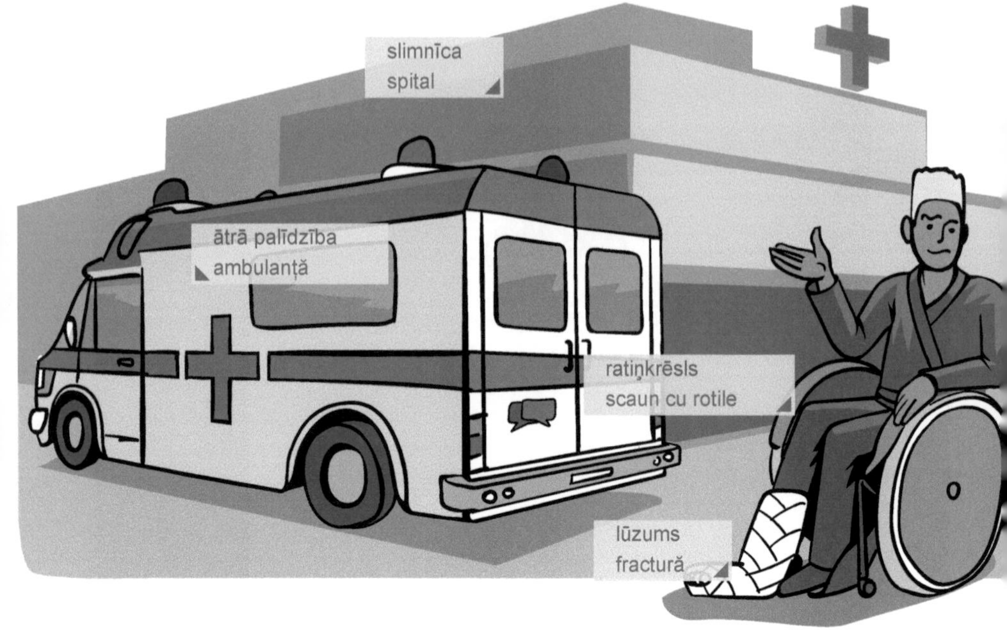

slimnīca
spital
ātrā palīdzība
ambulanță
ratiņkrēsls
scaun cu rotile
lūzums
fractură

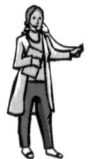

ārsts

medic

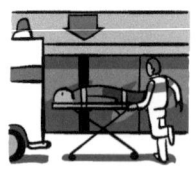

neatliekamās palīdzības nodaļa

unitate de primiri urgențe

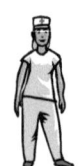

medmāsa

soră medicală

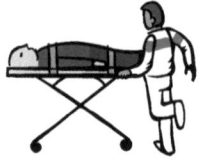

ārkārtas gadījums

urgență

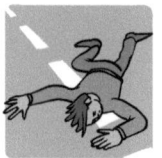

paģībis

inconștient

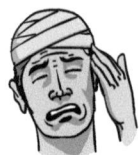

sāpes

durere

ievainojums

leziune

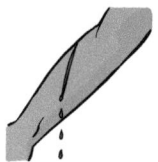

asiņošana

sângerare

sirdslēkme

infarct miocardic

insults

atac cerebral

alerģija

alergie

klepus

tuse

temperatūra

febră

gripa

gripă

caureja

diaree

galvassāpes

durere de cap

vēzis

cancer

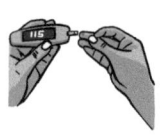

diabēts

diabet

ķirurgs

chirurg

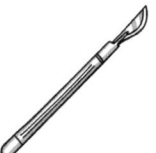

skalpelis

scalpel

operācija

operaţie

datortomogrāfija
CT

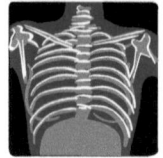

rentgents
raze Röntgen

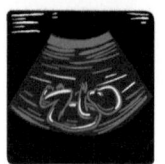

ultraskaņa
ultrasunet

sejas maska
mască

slimība
boală

uzgaidāmā telpa
sală de aşteptare

kruķis
cârjă

plāksteris
plasture

apsējs
bandaj

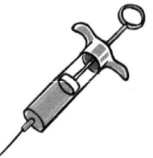

injekcija
injecţie

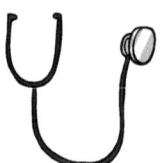

stetoskops
stetoscop

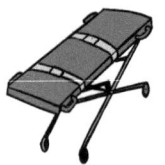

nestuves
targă

termometrs
termometru

dzemdības
naştere

liekais svars
supraponderabilitate

dzirdes aparāts

aparat auditiv

dezinfekcijas līdzeklis

dezinfectant

infekcija

infecţie

vīruss

virus

HIV / AIDS

HIV/SIDA

zāles

medicină

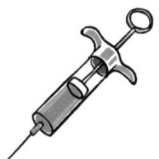

pote

vaccin

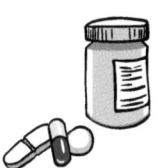

tabletes

tablete

pretapaugļošanās tablete

pastilă

ārkārtas izsaukums

apel de urgenţă

asinsspiediena mērītājs

aparat de măsurare a
presiunii arteriale

slims / vesels

bolnav/sănătos

Palīgā!
Ajutor!

trauksme
alarmă

uzbrukums
agresiune

uzbrukums
atac

bīstamība
pericol

avārijas izeja
ieșire de urgență

Uguns!
Foc!

ugunsdzēšamais aparāts
extinctor

negadījums
accident

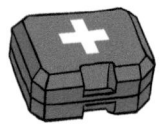

pirmās palīdzības aptieciņa
trusă de prim-ajutor

SOS
SOS

policija
poliție

Eiropa
....
Europa

Ziemeļamerika
....
America de Nord

Dienvidamerika
....
America de Sud

Āfrika
....
Africa

Āzija
....
Asia

Austrālija
....
Australia

Atlantijas okeāns
....
Altantic

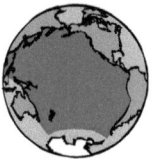

Klusais okeāns
....
Pacific

Indijas okeāns
....
Oceanul Indian

Dienvidu okeāns
....
Oceanul Antarctic

Ziemeļu ledus okeāns
....
Oceanul Arctic

Ziemeļpols
....
Polul Nord

Dienvidpols
....
Polul Sud

Antarktika
....
Antarctica

zeme
....
pământ

zeme
....
țară

jūra
....
mare

sala
....
insulă

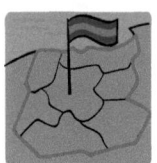

nācija
....
națiune

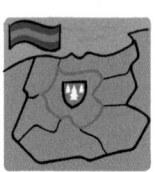

valsts
....
stat

ciparnīca

cadran

stundu rādītājs

orar

minūšu rādītājs

minutar

sekunžu rādītājs

secundar

Cik ir pulkstenis?

Cât e ceasul?

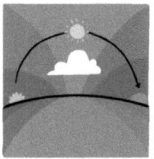

diena

zi

laiks

timp

tagad

acum

digitālais pulkstenis

cead digital

minūte

minut

stunda

orā

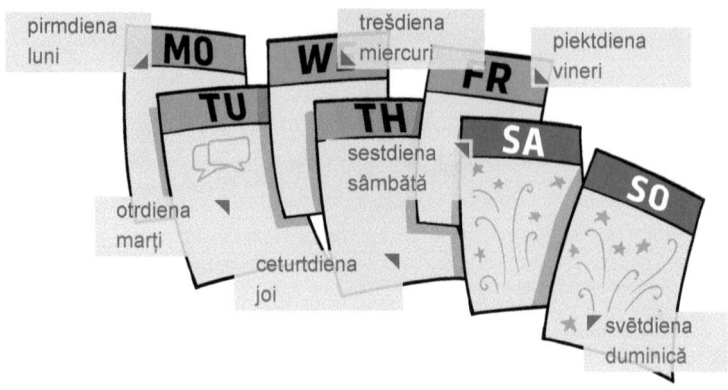

pirmdiena
luni

trešdiena
miercurì

piektdiena
vineri

otrdiena
marţi

sestdiena
sâmbătă

ceturtdiena
joi

svētdiena
duminică

vakardien
ieri

šodien
azi

rītdien
mâine

rīts
dimineaţă

pusdienlaiks
amiază

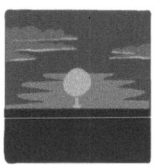

vakars
seară

MO	TU	WE	TH	FR	SA	SU
1	2	3	4	5	6	7
8	9	10	11	12	13	14
15	16	17	18	19	20	21
22	23	24	25	26	27	28
29	30	31	1	2	3	4

darbadienas
zile lucrătoare

MO	TU	WE	TH	FR	SA	SU
1	2	3	4	5	6	7
8	9	10	11	12	13	14
15	16	17	18	19	20	21
22	23	24	25	26	27	28
29	30	31	1	2	3	4

brīvdienas
week-end

gads

an

lietus
ploaie
varavīksne
curcubeu
vējš
vânt
sniegs
zăpadă
pavasaris
primăvară
rudens
toamnă
vasara
vară
ziema
iarnă

4.APRIL 11°
5.APRIL 4°
6.APRIL 13°
7.APRIL 8°
8.APRIL 10°

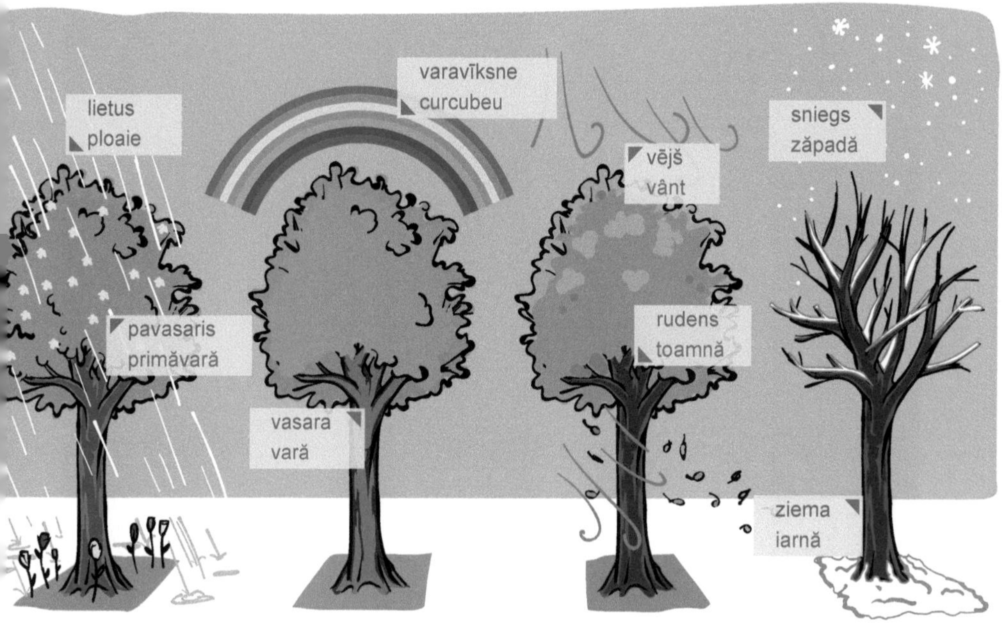

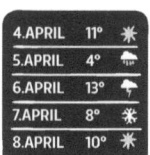

laika prognoze

prognoză meteo

F C
120 40
90 30
60 20
30 10
0 0
-30 -10
-20

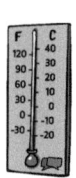

termometrs

termometru

saules gaisma

lumina soarelui

mākonis

nor

migla

ceață

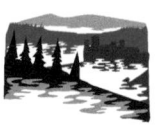

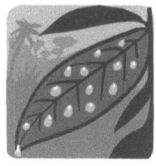

gaisa mitrums

umiditate a aerului

zibens

fulger

pērkons

tunet

vētra

furtună

krusa

grindină

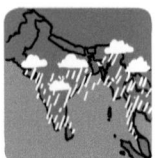

musons

muson

plūdi

inundaţie

ledus

gheaţă

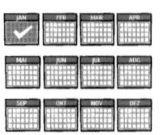

janvāris

ianuarie

februāris

februarie

marts

martie

aprīlis

aprilie

maijs

mai

jūnijs

iunie

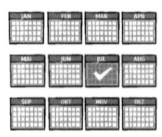

jūlijs

iulie

augusts

august

septembris
....
septembrie

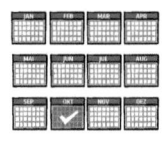

oktobris
....
octombrie

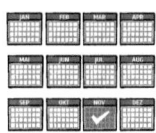

novembris
....
noiembrie

decembris
....
decembrie

formas
forme

aplis
....
cerc

kvadrāts
....
pătrat

četrstūris
....
dreptunghi

trīsstūris
....
triunghi

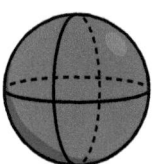

lode
....
sferă

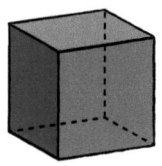

kubs
....
cub

balts

alb

dzeltens

galben

oranžs

portocaliu

sārts

roz

sarkans

roşu

lillā

violet

zils

albastru

zaļš

verde

brūns

maro

pelēks

gri

melns

negru

daudz / maz
mult/puțin

saniknots / miermīlīgs
furios/calm

skaists / neglīts
frumos/urât

sākums / beigas
început/sfârșit

liels / mazs
mare/mic

gaišs / tumšs
luminos/întunecat

brālis / māsa
frate/soră

tīrs / netīrs
curat/murdar

pilnīgs / nepilnīgs
complet/incomplet

diena / nakts
zi/noapte

miris / dzīvs
mort/viu

plats / šaurs
lat/strâmt

baudāms / nebaudāms

comestibil/necomestibil

nikns / laipns

rău/prietenos

satraukts / garlaikots

emoţionat/plictisit

resns / tievs

gras/slab

pirmais /pēdējais

primul/ultimul

draugs / ienaidnieks

prieten/inamic

pilns / tukšs

plin/gol

ciets / mīksts

tare/moale

smags / viegls

greu/uşor

izsalkums / slāpes

foame/sete

slims / vesels

bolnav/sănătos

nelegāls / legāls

ilegal/legal

inteliģents / dumjš

inteligent/stupid

kreisais / labais

stânga/drepta

tuvu / tālu

aproape/departe

jauns / lietots

nou/uzat

nekas / kaut kas

nimic/ceva

vecs / jauns

bătrân/tânăr

ieslēgts / izslēgts

pornit/oprit

atvērts / slēgts

deschis/închis

kluss / skaļš

încet/tare

bagāts / nabags

bogat/sărac

pareizi / nepareizi

corect/fals

raupjš / gluds

aspru/neted

noskumis / laimīgs

trist/fericit

īss / garš

lung/scurt

lēns / ātrs

încet/repede

slapjš / sauss

ud/uscat

silts / vēss

cald/rece

karš / miers

război/pace

0	**1**	**2**
nulle	viens	divi
zero	unu	doi

3	**4**	**5**
trīs	četri	pieci
trei	patru	cinci

6	**7**	**8**
seši	septiņi	astoņi
șase	șapte	opt

9	**10**	**11**
deviņi	desmit	vienpadsmit
nouă	zece	unsprezece

12

divpadsmit

douăsprezece

13

trīspadsmit

treisprezece

14

četrpadsmit

paisprezece

15

piecpadsmit

cincisprezece

16

sešpadsmit

șaisprezece

17

septiņpadsmit

șaptesprezece

18

astoņpadsmit

optsprezece

19

deviņpadsmit

nouăsprezece

20

divdesmit

douăzeci

100

simts

o sută

1.000

tūkstotis

o mie

1.000.000

miljons

un milion

anglu

engleză

amerikāņu anglu

engleză americană

ķīniešu mandarīnu valoda

chineza mandarină

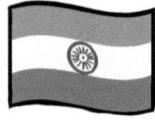

hindi

hindi

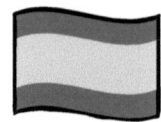

spāņu

spaniolă

frančiu

franceză

arābu

arabă

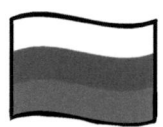

krievu

rusă

portugāļu

protugheză

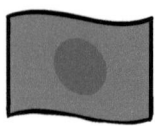

bengāļu

bengaleză

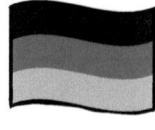

vācu

germană

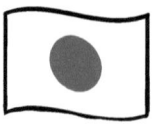

japāņu

japoneză

es

eu

tu

tu

viņš / viņa

el/ea

mēs

noi

jūs

voi

viņi / viņas

ea

kas?

cine?

ko?

ce?

kā?

cum?

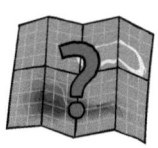

kur?

unde?

kad?

când?

vārds

nume

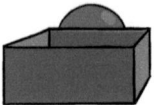

aiz

în spate

iekšā

în

priekšā

înainte

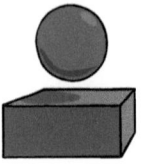

virs

peste

uz

pe

zem

sub

blakus

lângă

starp

între

vieta

loc